NOTICE

NÉCROLOGIQUE

SUR

MARTIAL TALOT,

CHEF DE BATAILLON AU 21ᵉ RÉGIMENT D'INFANTERIE LÉGÈRE;

Par ALEXANDRE ROGER, *Chevalier d'Empire*, *Membre de la Légion d'Honneur.*

PARIS.

———

1809.

NOTICE NÉCROLOGIQUE

SUR

MARTIAL TALOT.

MARTIAL TALOT, né à Cholet, département de Maine-et-Loire, Chevalier d'Empire, Membre de la Légion d'Honneur, Chef de Bataillon au vingt-unième Régiment d'Infanterie légère, a terminé sa vie le 13 Avril 1809, à l'âge d'environ trente-neuf ans, dans la ville de Tudella en Espagne.

Son père et sa mère faisoient à Cholet le commerce d'épiceries. Leur famille étoit nombreuse : ils l'élevèrent avec soin ; et des mœurs irréprochables leur méritèrent constamment l'estime des gens vertueux.

A l'époque où l'incendie de la guerre civile se manifesta dans la Vendée, tout ce qui portoit le nom de Talot se rangea sous les drapeaux de la République ; mais cet acte de dévouement à la Patrie causa la ruine entière de cette famille. Plusieurs de ses membres furent égorgés par les Insurgés, toutes ses propriétés furent pillées et incendiées, et jamais une indemnité, même la plus légère, ne lui fut accordée pour l'aider à réparer ses pertes.

MARTIAL, aujourd'hui l'objet de nos regrets, s'enrôla, en 1791, dans le premier Bataillon de Maine-et-Loire, commandé par Beaurepaire. Il fut en Bretagne, en Belgique, et se trouva dans toutes les affaires auxquelles ce corps participa. Enfermé dans Verdun, Martial eut la douleur de recueillir les derniers soupirs de son brave chef, dont l'ame, brûlante de patriotisme, ne put soutenir l'idée qu'une place française tombât au pouvoir des Prussiens. Infortuné Beaurepaire! ton généreux sacrifice n'a pas été perdu pour ton pays, car, bientôt, cet ennemi présomptueux s'est trouvé trop heureux qu'on lui permît de fuir le sol français, sur lequel, un instant plus tard, sa folle entreprise lui eût creusé un immense tombeau. Mais ce n'étoit pas assez pour appaiser tes mânes; il falloit une vengeance plus éclatante : Napoléon s'en est

chargé. A la tête des soldats de la grande
nation, il a su, depuis, faire repentir ces mêmes
Prussiens des triomphes faciles que des traîtres
leur avoient préparés sur nous il y a dix-sept
ans.

Au mois de mars 1793, l'insurrection ven-
déenne éclata; Cholet fut assailli à l'impro-
viste : Martial étoit au milieu des républicains.
Le succès n'ayant pas secondé leur courage,
les malheureux habitans de Cholet furent
presque tous exterminés. Martial Talot com-
battoit encore; mais obligé de céder au nombre, poursuivi, presque seul, il se jeta dans
l'habitation d'une pauvre femme, dont le dévouement et la présence d'esprit le sauvèrent
de la fureur des insurgés, qui l'eussent impi-
toyablement massacré.

Les guerres de partis ont cela d'affreux,
que, brisant tous les liens de la société, elles
effacent jusqu'aux moindres traces de la civi-
lisation, et que, ramenant l'homme à la fé-
rocité des hordes sauvages, elles enfantent
toujours des atrocités. Je vais en citer une,
entre les milliers que produisit cette cruelle
guerre de la Vendée.

Martial Talot, peu de temps après la prise

de Cholet, étoit tombé, avec plusieurs de ses compatriotes, entre les mains des insurgés. La veille des Rameaux 1793, à l'affaire de Saint-Lambert du Lattay, les Vendéens réunissent leurs prisonniers, les lient fortement les uns aux autres avec des cordes, et les forcent à marcher en avant de leurs colonnes. Ces malheureux républicains essuyèrent, pendant toute l'action, le feu de nos pièces.

Ce jour-là même, l'adjudant-général Talot, qui fut ensuite représentant du peuple, commandoit l'artillerie des patriotes. Je l'ai souvent entendu raconter ce fait, et toujours ce brave homme éprouvoit un frissonnement d'horreur au souvenir de cette fatale journée, dans laquelle, sans le savoir, il pensa être l'assassin de son frère.

Échappé à ce danger, et délivré des fers que lui faisoient porter les rebelles, après six semaines d'angoisses et de tourmens, Martial se rendit au Pont-de-Cé, où ce même frère organisoit en bataillon le contingent de la levée des trois cent mille hommes. Cette levée fut le prétexte de l'insurrection générale dans la Vendée. Un de ces bataillons reçut la dénomination de *quatrième de Maine-et-Loire*.

Martial Talot y fut admis dans le grade de capitaine, par le général Menou, et c'est en cette qualité qu'il fit toute la guerre de la Vendée. Les corps ayant beaucoup souffert, on en réunit les débris : des demi-brigades d'infanterie légère furent formées, et Martial passa dans la vingt-huitième, dont il commanda les carabiniers, à la tête desquels il a combattu long-temps, et avec succès, contre les Chouans. Appelé, dans l'an 6, en Italie, il s'y est souvent mesuré contre les Autrichiens. Destiné ensuite pour l'expédition d'Angleterre, il suivit son corps au camp de Boulogne.

A cette époque, l'Allemagne, toujours constante dans ses plans de perfidie, crut pouvoir, comme elle l'a cru dans la guerre actuelle, prendre la France au dépourvu ; mais Napoléon étoit là. Nos troupes repassent le Rhin : tout fuit devant elles. En six semaines cette mémorable campagne est terminée, et le héros vainqueur ne sait que pardonner. Martial Talot servoit alors dans le corps des grenadiers commandés par le général Oudinot, et se distingua à la bataille d'Austerlitz. Il fit avec le même dévouement la campagne de Prusse et de Pologne.

Sa Majesté l'Empereur et Roi l'avoit nommé membre de la légion d'honneur le 14 brumaire an 13 ; et, peu de temps avant le départ pour l'Espagne, elle le fit chef de bataillon au vingt-unième régiment d'infanterie légère. Martial avoit alors près de quinze ans de grade de capitaine.

Ce brave officier, séparé depuis long-temps de sa respectable famille, avoit le plus grand désir de la revoir avant d'entrer en Espagne. Son cœur sembloit lui faire pressentir que ce seroit pour la dernière fois qu'il recevroit les caresses fraternelles ; mais, soumis à la discipline militaire, il sut lui faire le sacrifice de ses plus douces affections.

Le 3 décembre 1808, il part pour le siége de Saragosse ; le 21 du même mois il reçoit, sous les murs de cette place, un coup de feu qui lui traverse le corps ; et le 13 avril suivant, dans la ville de Tudella, les suites de sa blessure le conduisent au tombeau.

O mon cher Talot, toi qui survis au brave que nous pleurons aujourd'hui, toi qui fus si long-temps calomnié, persécuté par ceux qui méconnurent ta vertu, viens répandre des

larmes sur la tombe d'un frère chéri! Franc
et loyal comme toi, d'un caractère doux et
bienfaisant, il fut, comme toi, le père des
soldats; il mérita la confiance et l'estime de
ses chefs, il eut pour amis tous ceux qui l'ont
connu; et son dévouement à la personne de
notre auguste Souverain n'eut point de limites.

Permets-moi donc, ô mon cher Talot, à
moi qui connois si bien la pureté de ton
ame (1), de joindre ma douleur à la tienne!
Souffre que mes pleurs se mêlent à tes pleurs;
et tandis que la reconnoissance publique grave
le nom de Martial parmi ceux des braves dont
le sacrifice est consommé, que l'amitié s'em-
presse d'élever, dans nos cœurs, un monu-
ment qui consacre le souvenir touchant des
vertus dont ton frère fut le modèle !

----

(1) J'ai connu le représentant du peuple Talot.
Nous étions l'un et l'autre adjudans - généraux
employés à l'armée de l'Ouest. Les relations du
service nous rapprochèrent souvent, et me mirent
à même d'apprécier ce brave militaire. L'amitié
nous unit bientôt; et, dans les doux épanchemens
qu'elle provoque, cet homme vertueux me dévoila
son ame toute entière.

Combien de fois je l'ai vu répandre des larmes sur les malheurs de la patrie ! combien de fois je l'ai surpris gémissant sur l'exécrable guerre dans laquelle, l'un et l'autre, nous étions forcés à combattre contre nos frères égarés !

Quand, au milieu des orages révolutionnaires, on a, comme Talot, professé sans crainte les principes de l'honnête homme, on peut, sous quelque régime que ce soit, s'honorer d'avoir été républicain.

Il combattit loyalement les opinions contraires à la sienne, mais ne poursuivit jamais ceux qui les avoient émises ; et nombre d'individus, dont les idées politiques étoient diamétralement opposées à celles de Talot, lui durent la liberté et la vie.

Étranger aux intrigues, dédaignant les coteries, Talot fut à tous les instans de sa vie ce qu'il devoit être, parce qu'il fut toujours de bonne foi.

Sincèrement, et depuis bien long-temps, attaché au grand homme qui nous gouverne, et dont il fut toujours l'admirateur, il reprocha publiquement à Aubry d'avoir destitué le général Bonaparte.

La carrière politique et militaire de Talot fut marquée par des actes de bienfaisance et de justice. Il fut l'appui de tous les généraux qui travaillèrent franchement à cicatriser les plaies dans l'ouest de la France, et trouva moyen d'excuser ceux qui furent malheureux. Aussi dans sa modeste retraite, qu'il a fixée lui-même à Cholet, Talot coule ses jours entouré de l'estime publique, de la reconnoissance de ses compatriotes, et du respect de ceux même qu'il a combattus. Sa mauvaise santé le tient éloigné de l'activité militaire, mais son ame ardente s'élance constamment à la suite du grand Napoléon, du sauveur de la patrie.

D'après ces traits, qui forment l'ensemble exact de la physionomie de Talot, on concevra facilement que ma surprise fut grande, lorsque, dans une espèce de roman sur la guerre de la Vendée, ouvrage dans lequel l'écrivain tronque les faits, confond les dates, blesse la vérité historique, et substitue ses opinions personnelles à l'opinion des Français, je lus, il y a quelque temps, les inculpations assez légèrement hasardées contre Talot. Hoche! ô toi qui m'aimas et qui méritas mes respects, quelle doit être ton indignation de te voir ainsi transformé en accusateur de Talot !....

Mais pourquoi donc tant de gens se tourmentent-ils si fort, soit dans leurs écrits, soit dans leurs discours, contre les républicains? Le motif

est aisé à saisir : les uns s'imaginent que des dia-
tribes, des injures, piqueront la curiosité; ils es-
pèrent assurer ainsi le débit de leurs ouvrages :
ah ! pardonnons à ceux-là; respectons la liberté
du commerce : chacun gagne sa vie comme il
peut. Mais les autres, plus coupables, s'ils se
déchaînent avec tant d'animosité contre les républicains; s'ils cherchent à faire soupçonner ces
hommes généreux, qui, sans peur et sans repro-
che, ont traversé la révolution, c'est parce qu'ils
connoissent la fidélité des républicains envers
notre auguste Empereur ; c'est qu'ils voudroient
écarter cette masse imposante de braves, de républicains, unie par la reconnoissance au sort du
grand Napoléon, et dont les rangs se pressent
pour défendre ce trône sur lequel les plus émi-
nentes vertus ont placé Bonaparte.

Ecoutez-les, ces hommes de mauvaise foi, vous les
entendrez gémir sur l'aveuglement de l'Empereur,
qui se livre avec tant d'imprudence aux hommes
de la révolution. Malheureux! sans doute ils vous
gênent, ces hommes que vous appelez les hommes
de la révolution; vous voudriez bien les écarter
pour vous approcher du cœur de César et le dé-
chirer.|

Les preuves des républicains sont faites; Napoléon a reçu leurs sermens, et chaque jour leur

sang, versé dans les batailles, vient y mettre le sceau.

Mais vous, quels gages lui avez-vous donnés pour oser prétendre à sa confiance? Des poignards, des machines infernales, et ces milliers de brigands dont la capitale fourmille : ces brigands dont l'ame se dilate à l'idée seule d'un revers prétendu possible, qui sourient aux nouvelles les plus affligeantes, qui les répandent avec tant de complaisance, envenimant tout, torturant l'esprit public, semant dans les familles les inquiétudes et les alarmes; ces brigands que la bile suffoque quand le canon de la victoire se fait entendre; ces brigands parmi lesquels on rougit pour l'espèce humaine d'en rencontrer de plus brigands encore; de ces êtres que César accabla de sa clémence, qu'il voulut s'attacher par des bienfaits, auxquels il crut donner une patrie. Misérables ! vous ne voulûtes point de l'ancien régime ; sous la république vous avez porté le fer et le feu au sein de votre pays ; aujourd'hui vous exécrez Bonaparte : que cherchez-vous donc, que désirez-vous?. . . . L'anarchie, et rien que l'anarch...

DE L'IMPRIMERIE DE MADAME Ve JEUNEHOMME,
RUE HAUTEFEUILLE, n° 20.